DU PROJET

DES

FORTIFICATIONS

DE PARIS

PAR

A. DELHOMME.

Charles X s'est perdu par trop de confiance dans sa force ; le peuple se perdra de même par trop de confiance dans la sienne.

———⟡———

SE TROUVE CHEZ

MANSUT fils, libraire, place S.-André-des-Arts, 30 ;
VERGER, rue S.-Étienne-des-Grès, 14.

———

1840.

DU PROJET

DES

FORTIFICATIONS DE PARIS.

Charles X s'est perdu par trop de confiance dans
sa force ; le peuple se perdra de même par trop de
confiance dans la sienne.

L'histoire nous offre assez souvent des exemples de duperies à l'aide
desquelles les puissans ou les aristocrates, faisant à peu près comme
font nos dresseurs de bœufs et de chevaux, sont parvenus à dompter
ceux qu'on appelle prolétaires pour leur faire porter toutes les char-
ges de la société ; mais je ne crois pas qu'elle nous en présente d'aussi
graves, et qui aient été acceptées avec autant d'aveuglement et d'u-
nanimité que celle qui nous asservira tôt ou tard si elle se réalise. Je
veux parler du projet des fortifications de Paris.

On se rappelle comment a été repoussé, par la presque unanimité
des Français, l'ancien projet des forts détachés, parce qu'ils n'auraient été qu'à deux ou trois kilomètres des murs d'octrois de Paris.
Aujourd'hui on veut les mettre à trois, quatre, cinq, six, huit kilomètres de la ville ; voilà que tous les journaux du gouvernement
comme de l'opposition, le *National* lui-même, demandent que l'on
réalise le projet, et, remarquez-le bien, le plus tôt possible !
comme si on craignait que la discussion vînt mettre à nu ce qu'il
peut avoir de caché. Pauvre raison humaine, comme elle fait courir l'homme à sa perte quand elle est mal dirigée ! Il est mille
manières d'envisager chaque chose, et l'homme n'a voulu voir dans
l'ancien projet des forts détachés que la crainte d'être brûlé et sac-
cagé dans Paris, si le cas venait qu'il eût de justes motifs de s'in-
surger ; il n'a voulu voir précisément que le côté le moins dangereux de tous, lors même que les forts seraient dans la ville : car
l'aristocratie, qui a résolu d'étouffer les idées démocratiques dans la
capitale de la civilisation, n'a pas cette barbarie de vouloir ruiner
toute une ville dans laquelle se trouvent une partie de ses propriétés
et les monumens, qu'elle considère aussi comme siens. Elle a bien
une espèce de barbarie, mais c'est celle de la cupidité, de l'égoïsme
et de l'orgueil, qui fait qu'elle nous regarde comme des bœufs que
l'on doit ateler à la charrue et leur donner des coups de fouet pour
les faire marcher (1).

(1) Il faut avouer que nous méritons un peu qu'elle nous traite ainsi : il y a
tant de stupidité dans notre conduite ; notre raisonnement est si peu sérieux et si

Je ne pense pas que dans aucun temps l'aristocratie ait eu un moment plus favorable qu'à présent pour réaliser sa pensée immuable, qui est d'étouffer la démocratie. Remarquez avec quel bonheur elle est venue à ce point. En 1833, lorsque M. Thiers était ministre, elle a été forcée de retirer l'ancien projet des forts détachés, parce qu'on craignait l'effet des boulets et des bombes qui en seraient provenus; ensuite on a vu dans quel embarras elle était après le rejet du projet de loi de dotation. Sur ces entrefaites on a nommé M. Thiers président du conseil des ministres, lequel a entraîné à son parti la gauche modérée, sans que celle-ci ait exigé la moindre garantie de sa conduite à venir, exemple fatal dont les conséquences se font déjà sentir. Quoiqu'il soit monté à la présidence ministérielle peut-être avec de bonnes intentions (ce que j'ai bien de la peine à croire, étant élève de Talleyrand), M. Thiers a dupé à sa manière l'opposition constitutionnelle sous prétexte que les opinions de gauche devaient se rapprocher pour prêter main-forte au gouvernement et empêcher M. Molé de revenir aux affaires. Une fois élevé dans ces hautes régions « où la vertu respire un air empoisonné », n'ayant sans doute pas l'inflexibilité de caractère de Caton, lui-même a été bientôt circonvenu et dupé par les aristocrates français et étrangers qui entourent le trône et les ministres, au point qu'il est devenu bien à peu près semblable à M. Molé, si ce n'est par conviction, au moins par faiblesse (2).

pauvre d'idées, et ces idées sont si rarement de nous-mêmes et si peu approfondies; nous sommes si difficiles à nous accorder quand nous voulons raisonner, qu'il n'y a pas de propriétaire qui tienne plus à sa maison que nous aux idées que nous avons adoptées, quelques baroques, extravagantes qu'elles soient. On ne daigne pas comparer les idées des autres avec les siennes, pas même les remarquer; ce serait trop fatigant, et on les rejette tout de suite. Et moi, qui écris ceci avec les meilleures intentions du monde, je suis presque certain que je serai méprisé, traité peut-être de fou et d'orgueilleux. Pourquoi? Parce que les uns ne me comprendront pas, ou ne me liront pas assez attentivement pour m'entendre; les autres, plus instruits, ayant fait leurs classes, parce qu'ils me regarderont comme un homme illettré; ce ne sera pas le bon sens qu'ils chercheront dans mon écrit, mais bien les fautes de grammaire et de réthorique, et puis le lendemain, après avoir étouffé les idées à leur naissance sans avoir daigné en donner une opinion favorable ou non, ils feront des articles sur la nécessité de répandre l'enseignement; ils déploreront l'ignorance, la désunion et la misère du peuple. C'est ce qui m'est déjà arrivé; j'ai voulu dire que pour soumettre les Algériens dans peu de temps, et sans faire verser de sang, on devait prendre des ôtages chez tous les chefs des tribus arabes parmi leurs enfans et neveux, pour les élever en France, où ils resteraient un certain laps de temps; lesquels ôtages succéderaient au pouvoir sur les Arabes après la mort de leurs parens. Mais on s'est moqué de moi, malgré que j'aie cité les Romains. Il vaut mieux guerroyer pendant vingt ou trente ans, sacrifier des cent mille Français et des cent millions, et puis nous voir un jour obligés de laisser ce pays entre les mains des Anglais, qui sauront mieux en profiter que nous. Telle est la raison humaine aujourd'hui! l'amour-propre avant tout; telle est aussi la cause qui a toujours asservi les peuples et qui nous asservira encore si un effort de raison ne nous fait pas corriger de ce défaut.

(2) Pour se convaincre de cela, on n'a qu'à examiner ses actes et l'état des fonc-

C'est en ce moment d'absorption de la gauche par M. Thiers et de M. Thiers avec la gauche par l'aristocratie qu'on a eu connaissance du traité du 15 juillet, ce qui a provoqué des cris de guerre plus ou moins menaçans, au milieu desquels on a entendu ceux du journal des *Débats*, le représentant de l'aristocratie. Dieu sait pourquoi celui-ci a jeté des cris; il n'a jamais cru à la guerre, parce qu'il sait qu'on ne la voudra pas ni d'un côté ni de l'autre, l'aristocratie, de peur de révolutionner l'Europe; les souverains étrangers, de peur d'être détrônés par leurs peuples (comme il l'a fort bien dit il y a peu de temps); mais il avait sa mission (3).

Un jour, au milieu de tous ces bruits de guerre (comme le moment est bien choisi pour ce qu'on voulait faire! et cela seul ne fait pas ouvrir les yeux!), on a vu dans les journaux un plan pour fortifier Paris, se composant d'une enceinte et de forts détachés, un peu plus éloignés, il est vrai, que dans l'ancien plan, mais aussi plus nom-

tionnaires : parmi les préfets, y en a-t-il seulement deux qui soient de l'ancienne opposition? Dans les élections de députés en a-t-il soutenu un de cette opinion? Bien loin de là, est-il resté neutre vis-à-vis d'eux? Et dans sa propre administration, il n'a nommé qu'un nouveau personnage, qui est l'ambassadeur d'Espagne; croirait-on que c'est pour soutenir le système de l'opinion de gauche? Non : cet ambassadeur suit d'abord la même marche que son devancier, et quelques jours après son arrivée en Espagne on nomme un ministère impopulaire, lequel fait soulever contre lui toutes les municipalités et indispose les Espagnols contre nous. Cependant les nouveaux dévoués s'engouent de plus en plus de M. Thiers parce qu'il tient le même langage qu'il tenait avant d'être ministre, oubliant, relativement à lui, qu'on ne doit jamais juger un homme, et surtout un ministre, que sur ses actions; et cet engouement devient si fort, que je suis porté à croire qu'ils voteraient sous ses auspices le projet de loi de dotation que la chambre des Députés à rejeté le mois de février dernier, et, notez bien, tout en persistant à dire qu'ils ont toujours la même opinion, tant l'homme peut s'aveugler! Cela est dans la nature des choses, rien ne peut rester stationnaire dans la société, il faut avancer ou reculer : comme une sphère qui, ne pouvant rester sur l'angle d'un double plan incliné, tombe d'un côté ou de l'autre et acquiert de plus en plus de vitesse vers le but où elle roule jusqu'à ce qu'elle trouve un obstacle qui la fasse reculer, de même la gauche, après avoir opté de tomber du côté de la pente rétrograde il y a de cela quelques années, s'aveugle de plus en plus contre son intérêt en se livrant à l'aristocratie, jusqu'à ce qu'elle rencontre un obstacle sur sa route capable de lui faire ouvrir les yeux et de lui faire rebrousser chemin. J'aurais cru que le projet des fortifications de Paris aurait été cet obstacle; mais malheureusement je me suis trompé; c'est ce qui l'aveugle encore plus, au point qu'elle ne veut plus entendre aucune raison qui serait contraire à ce projet, et qu'elle en presse l'exécution le plus possible. Quelle différence de cet aveuglement aux paroles impérieuses et décisives du *Constitutionnel* quand il disait lors du premier projet : « La France ne veut pas des forts détachés ni par lois ni par ordonnances! » En développant mes *Principes d'un Philantrope* (a), si toutefois j'ai le temps de le faire, je ferai voir comment cette mobilité de l'intelligence humaine se lie avec l'ordre de la nature.

(3) Si on veut avoir la preuve de cela, on n'a qu'à lire les *Débats* de ces jours-ci, on y verra avec quel ton pédantesque il se moque de ceux qui sont indignés par le bombardement de Beyrouth.

(a) Brochure in-8°, en vente chez M. Mansut, place S.-André-des-Arts, 30.

breux par compensation. Dans tout autre temps on aurait été dans la stupeur de voir revenir les forts détachés; mais aujourd'hui on est si bien préparé aux bruits de guerre, on craint tant de voir les ennemis dans Paris (4), qu'on trouve tout naturel qu'il y ait autour de la capitale

(4) Être dans cette crainte quand ceux mêmes qui veulent les forts détachés ont dit cent fois que les peuples étrangers attendent chaque jour que nous les délivrions et qu'ils puissent signer avec nous une alliance indissoluble, c'est un peu ridicule! Mais nous sommes dans le temps des mystifications! Ne voit-on pas l'Angleterre faire tous ses efforts pour donner Constantinople à la Russie et par suite ses colonies indiennes; si toutefois cela n'est pas une feinte calculée pour nous asservir au moyen des forts : hypothèse bien plus croyable à mes yeux qu'une stupidité inconcevable dans le cabinet anglais; et cette hypothèse est d'autant plus croyable, que tout ce qui se passe aujourd'hui pourrait la prouver. Je me contenterai, pour le moment, de citer quelques faits qui se passent en Orient. On sait que les escadres françaises et gyptiennes sont, dans la Méditerranée, plus que doubles de l'escadre anglaise ; on sait encore que les Anglais ont commencé la guerre, et que l'amiral Hugon, qui pourrait si facilement écraser l'escadre anglaise, s'il avait à soutenir Méhémet, se trouve en même temps en Grèce , à quelques cents lieues de Beyrouth, par crainte qu'étant plus rapprochés, des capitaines, enfreignant ses ordres, tombassent sur les Anglais. Si on se rappelle que l'amiral Lalande s'était fortement prononcé pour Méhémet en le prévenant que les Anglais voulaient surprendre son escadre, et qu'aussitôt après on l'a remplacé par l'amiral Hugon, qui est porté pour les Anglais, on comprendra que tout cela n'est qu'une pure comédie , qui se dénouera uniquement par les forts et par la servitude, si on la laisse finir.

Et s'il y avait réellement mésintelligence entre la France, l'Angleterre, la Prusse, etc. comment concevriez-vous que le cabinet anglais pût, sans une grande stupidité, tenir une escadre dans la mer Méditerranée, où se trouvent aussi les flottes françaises et égyptiennes, qui, étant réunies et pouvant avoir une force plus que double de celle anglaise, l'écraseraient assurément? Comment concevriez-vous , d'autre part , que le cabinet français, pouvant lutter contre l'escadre anglaise avec une force plus que double, par conséquent la détruire et s'emparer de Malte, des îles Ioniennes et de l'empire de la mer au moins pour quelque temps, pût, sans une grande stupidité, renoncer à de tels avantages, alors que les Anglais lui donneraient une si belle occasion par le bombardement de Beyrouth? et cela, pour attendre qu'ils fussent assez forts pour nous battre, soit par l'augmentation du nombre de leurs vaisseaux , soit par leur jonction avec l'escadre russe ! Comment concevriez-vous que la Prusse nous laissât faire nos provisions de chevaux en Allemagne, avec lesquels nous pourrions battre ses armées? Je le demande à tout homme qui pense un peu, sont-ce des choses faisables pour ceux qui gouvernent, qui ordinairement ne sont pas dépourvus de talent? Si, au contraire, on admet que tout cela n'est que feinte pour faire craindre aux Parisiens qu'on prenne Paris par suite d'une grande guerre, alors tout devient naturel, et l'on n'a plus raison de se demander , comme font la plupart des journaux : *Qui peut expliquer la situation actuelle?* C'est tout simplement l'aristocratie de l'Europe qui emploie mille ruses, qui s'enveloppe de mille mystères pour nous abuser et pour propager l'unité aristocratique par tout le monde Nous nous attendions (et on s'y attend peut-être encore) à y propager l'unité démocratique; ce sera tout le contraire quand les bastilles seront élevées. Je pourrais ajouter que l'aristocratie suit toujours le même système depuis dix ans, qui est de nous rendre faibles à nos propres yeux en faisant tous ses efforts pour faire remettre sous le joug les Italiens, les Allemands, les Polonais, etc., pour que, nous voyant un jour, à la veille d'une guerre, avec nos frontières à découvert, nous soyions en état de craindre une invasion étrangère, au point que nous ne mettrions pas obstacle à ce que l'on fortifiât Paris. Ce qui se passe aujourd'hui en Orient tend encore au même but, c'est un principe révolutionnaire qui pourrait nous servir

dix-huit ou vingt forts, qui pourront contenir des cinquante ou soixante mille hommes.

Eh quoi, Parisiens! parce que les forts seront un peu plus éloignés de la ville que dans l'ancien plan, sera-t-il impossible, une fois qu'ils seront élevés, de dégarnir, en temps de paix comme en temps de guerre, toutes les casernes de Paris pour mettre la garnison dans ces forts, de faire en sorte que les soldats n'aient plus de contact avec le peuple et la garde nationale, de les empêcher d'avoir la moindre connaissance dans la politique du jour, enfin de plier leur volonté de telle façon, qu'ils aient une obéissance absolue et passive pour leurs chefs? Sera-t-il impossible de mettre dans ces forts toutes les munitions de guerre et de bouche, qui sont aujourd'hui dans Paris presque sous la main du peuple? Et si on a cinquante ou soixante mille hommes avec cette discipline autour de Paris, nombre que l'on pourra augmenter tant qu'on voudra si on a le dessein de faire un coup d'état, sera-t-il impossible de renverser impunément tout ou partie de la constitution? Quelle force aurez-vous, dans ce cas, pour empêcher la violation de vos droits? Vous aurez toujours devant vous les forts, qu'il vous sera impossible d'attaquer, parce que vous n'aurez pas une pièce de canon ni un baril de poudre à votre disposition; des troupes, surtout de la cavalerie et de l'artillerie, rempliront les intervalles des forts pour fermer tout passage à ceux qui voudront entrer ou sortir de Paris. L'armée vous laissera bien libres dans la ville, vous y éleverez des retranchemens, des barricades tant que vous en voudrez; mais il vous sera impossible de là; vous mangerez vos faibles provisions, et puis après vous serez obligés de vous rendre à discrétion : car, en sortant de la ville, il faut nécessairement se battre en rase campagne, et je ne vois pas du tout en vous des moyens d'attaque et de défense pour cela. C'est en vain que vous vous appuierez sur la garde nationale, elle n'a pas quinze mille hommes capables de se battre ainsi; il en est de même de la classe ouvrière. Mais je suppose que vous sortiriez au nombre de cent mille hommes ou plus, comment pourriez-vous tenir sans cavalerie, ni artillerie, ni munitions de guerre, contre seulement vingt mille hommes bien disciplinés, qui pourraient avoir des cent pièces de canon et de la cavalerie à proportion, et qui seraient soutenus par les forts? Vous auriez beau avoir du courage, vous ne pourriez que vous faire hacher.

. Vous dites : « l'armée ne voudrait pas tirer sur la garde nationale si on renversait la constitution. » Oui, si les soldats étaient toujours comme aujourd'hui en contact avec le peuple et la garde nationale. Mais qui peut répondre qu'ils seront de même si, au lieu d'être enca-

de point d'appui en cas de guerre, et qu'on fera tous ses efforts pour étouffer encore, même en France. Pour preuve, je citerai le journal des *Débats*.

sernés dans Paris comme aujourd'hui, ils se trouvent dans les forts et tout à fait isolés des habitans de la ville, qu'on les habitue à une obéissance absolue pour leurs chefs, qu'on les indispose contre la garde nationale par des mille bruits calomnieux qu'on fera courir, enfin qu'on leur donne une haute paie en leur promettant de l'avancement, en leur donnant à boire, et en les menaçant d'être fusillés s'ils n'obéissent pas? Vous-mêmes, en pareil cas, pourriez-vous répondre de ce que vous feriez, vous à qui, bien souvent, il ne faut qu'une calomnie pour vous indisposer contre quelqu'un? Et puis, avant d'en venir au renversement de la Charte, et quand les forts seront élevés et bien munis, croyez-vous qu'il sera bien difficile à ceux qui voudront la renverser de licencier et désarmer la garde nationale sous quelque prétexte, comme a fait Charles X avant qu'il signât les ordonnances? Que pourrait-elle faire alors qu'elle n'aurait plus un caractère légal aux yeux du soldat? Vous n'ignorez pas que la loi sur la garde nationale permet (art. 5) au roi de la dissoudre, sans qu'il y ait d'autre restriction que ces mots : *en des lieux déterminés*. Ainsi le roi pourra dissoudre toute la garde nationale de Paris et même de la Seine, sans que personne puisse rien dire, parce qu'il agira d'après la loi. Je sais bien que vous allez dire que vous vous fiez au gouvernement, qu'il ne voudra pas faire cela; mais moi je dis qu'il ne faut jamais se mettre à la discrétion de quelqu'un, fût-ce la vertu même. Veuillez réfléchir qu'il y a encore dans nos lois beaucoup d'articles 14 comme celui de l'ancienne Charte. Vous direz encore qu'elle doit être réorganisée dans l'année qui s'écoulera à compter du jour de sa dissolution; mais vous avouerez au moins qu'on aura bien le temps de faire ce qu'on voudra pendant le courant de cette année.

Vous vous reposez sur les départemens, vous dites qu'ils enverront des deux cent, trois cent mille hommes, il y en a même parmi vous qui disent des millions (jusqu'à quel point ne remplace-t-on pas le bon sens par les extravagances quand on est aveuglé!), pour vous aider à prendre les forts. Tout cela n'est que rêveries. Il sera bien facile, au moyen des garnisons des départemens, de former des colonnes mobiles, qui se transporteront sur les points où il y aura des rassemblemens d'hommes pour les désarmer et les disperser.

Il y en a encore qui disent que, lors même qu'on n'aurait pas ces secours, on serait assez fort pour prendre toutes les fortifications qui entoureront Paris; qu'on a bien chassé Charles X, et qu'on l'aurait chassé encore quand il aurait eu deux, trois, quatre fois plus de troupes que ce qu'il avait. Réellement je suis confus de tant de présomption, de vanité et de légèreté de la part de ceux qui disent cela. Quoi! parce que Charles X a signé les ordonnances sans prévoir la résistance qu'il a eue, n'ayant peut-être pas seulement douze mille hommes en ce moment dans Paris, parmi lesquels, toujours en contact avec le peuple et par rivalité entre la ligne et la garde, plus de la moitié ne se sont pas servi de leurs armes ; que l'artillerie et la cavalerie n'ont pu agir à cause des barricades ; enfin parce que Charles X, étant à Rembouillet à la tête de douze ou quinze mille hommes, a cédé le pouvoir sans avoir fait tirer un coup de fusil, non par crainte, mais par suite d'intrigues ou de remords qu'il avait pour avoir commis un crime en violant la constitution et en faisant massacrer le peuple, faut-il tirer de là un argument qu'on est invincible, et qu'on pourra prendre les forts quand on voudra? Mais, grand Dieu! avez-vous réfléchi que si on a le dessein de vous asservir, on ne laissera pas dans Paris ni artillerie, ni cavalerie, ni munitions de guerre, qu'on pourra ne pas vous laisser de vivres pour trois jours? Avez-vous réfléchi que hors de l'enceinte vous ne pourrez pas avoir de murs ni de barricades pour vous défendre, ce qui fait votre force? Avez-vous réfléchi que vous n'êtes pas habitués à la discipline militaire, ce qui décuple la force des hommes? Avez-vous réfléchi que, n'ayant ni artillerie, ni cavalerie, ni munitions de guerre, il vous sera impossible de tenir tête contre l'armée qui sera hors de l'enceinte et barrera toutes les issues, ni d'attaquer les forts, fussiez-vous trois cent mille hommes contre vingt mille; que par conséquent on ne pourra pas entrer un grain de blé dans Paris, ni avoir aucune communication de cette ville aux départemens?

Vous dites encore qu'on refusera les impôts. Mais avant de parler ainsi, veuillez examiner quelle est la quantité d'impôts que la masse du peuple peut donner ou refuser. Il y a tout au plus la dixième partie du budget; tout le reste est à la disposition de l'aristocratie et du gouvernement, comme, par exemple, les produits des postes, de la vente des tabacs et des sels, des douanes, des coupes de bois, de l'enregistrement, du timbre, des domaines de l'État, au moins des trois quarts des contributions directes et des boissons, etc. Croyez-vous qu'avec cela on n'aura pas suffisamment des fonds pour faire marcher le gouvernement? Et si on n'en avait pas assez, serait-il bien difficile d'y suppléer par la confiscation et la vente des propriétés de tous ceux qui se seront révoltés contre les violateurs de la constitution? Croyez-vous que l'aristocratie, qui dispose de tant d'argent, ne voudra pas les acheter à vil prix, elle qui voit peut-être dans l'avenir la perspective de pouvoir réunir en sa possession les millions de parcelles du territoire français, et de faire qu'en dehors de douze ou quinze mille familles tout le monde reste dans le prolétariat, comme cela est aujourd'hui en Angleterre? (Ceci viendrait à l'appui du complot que je crois ourdi par des ministres de quelques états, de concert avec l'aristocratie, non seulement française, mais européenne, car elle se donne partout la main).

Vous me demanderez peut-être comment il est possible que douze ou quinze mille familles peuvent en déposséder des millions. Je pourrais vous demander, à mon tour, comment trois ou quatre mille individus peu instruits et n'ayant pas de fortune sont parvenus, en 1793, à répandre la terreur dans toute la France, et à disposer des propriétés et de la vie, non seulement des aristocrates, mais de tous ceux qui ne pensaient pas comme eux. Est-ce que par hasard l'aristocratie, avec toutes ses richesses, et disposant de l'armée et des emplois, aurait moins de puissance qu'une poignée d'individus sans fortune et peu instruits?

Dans ce que je viens de dire, j'ai supposé que le parti qui serait au pouvoir ferait comme Charles X en 1830, et violerait la constitution d'une manière tranchante, propre à soulever tout le monde. Mais un parti qui a le dessein de faire un coup d'état et qui a reçu l'expérience de 1830, pourra-t-on le supposer assez stupide pour qu'il songe à renverser brusquement la constitution, comme a fait Charles X? Si on n'admet pas cette supposition, on croira nécessairement qu'il s'y prendra d'une manière plus adroite pour parvenir à ce dessein, comme, par exemple, de démolir peu à peu la constitution. C'est ainsi qu'Auguste est parvenu à duper le peuple romain, et à le préparer au despotisme que devait exercer après lui les Néron et les Caracalla. Si vous admettez que l'aristocratie suive la même marche qu'Auguste a suivie, quels moyens aurez-vous alors pour empêcher ce déchirement de la charte petit à petit? Quelques mécontens disséminés parmi le peuple, et ceux peut-être qui veulent aujourd'hui les forts détachés, éleveront la voix, et aussitôt on les saisira pour les enfermer dans les nouvelles bastilles : la crainte planera tout de suite sur les esprits, et un silence morne régnera comme dans les tombeaux (5).

(5) Outre ce qui est dit, les fortifications entraîneront inévitablement plusieurs autres conséquences. Premièrement, les turbulens, ne voyant pas (ou peu) de troupes dans la ville, parce qu'elles seront dans les forts, prendront de là occasion d'émouter le peuple, et inspireront de la crainte aux classes aisées, ce qui nécessitera l'intervention du gouvernement, lequel se croira autorisé par là de diminuer les libertés publiques et d'augmenter son pouvoir par des lois, chose, comme on sait, que l'on a vu souvent. Secondement, que l'élévation des forts donnant au gouvernement beaucoup d'espace, il pourra former de vastes prisons, où l'on enfermera en toute sûreté tous ceux qui pourront être dangereux par leur résistance, si jamais on a le dessein de faire des coups d'état. Troisièmement, lors même qu'on n'aurait pas dessein de renverser la Charte, ces fortifications auront pour effet de faire disparaître de Paris l'industrie et les arts, qui demandent la sécurité et la liberté pour agir; elles auront encore pour effet de remplir ses habitans de crainte, ne cessant de voir l'épée de Damoclès suspendue au dessus de leur tête, ce qui leur ôtera tout ressort de l'âme et les préparera à recevoir sans résistance le despotisme qu'on voudra leur imposer par la suite.

Mais je suppose que toutes ces raisons ne sont pas fondées, et que l'aristocratie actuelle étant parvenue à faire élever les fortifications, elle ne voudra s'en servir que contre les étrangers, et qu'elle laissera la constitution telle qu'elle est aujourd'hui, tout en ayant le pouvoir de la violer, dans ce cas, n'est-ce pas suspendre l'épée de Damoclès sur la tête du peuple, qui tombera plus tôt ou plus tard, selon les personnages que le temps amènera au pouvoir? A-t-on oublié qu'au moyen de deux lois presque inaperçues par les Romains, Tibère fonda le despotisme le plus effrayant; qu'après Marc-Aurèle il est venu Commode et une infinité d'autres tyrans qui promenaient la mort de tous les côtés; que souvent il n'a fallu qu'un vil esclave pour faire qu'un bon souverain devînt un monstre? Pouvez-vous douter qu'il n'en soit de même en France si vous vous livrez pieds et poings liés au pouvoir en laissant élever les fortifications? Et lors même que vous ne feriez que douter, pouvez-vous rester tranquilles et envisager de sang-froid ce sombre avenir qui peut peser sur vos enfans, pour qui vous consacrez tous vos instants et toutes vos peines? Pouvez-vous ne pas vous émouvoir d'indignation et de crainte quand on vous parle d'élever dix-huit ou vingt forts autour de Paris, fussent-ils même à quinze lieues de ses murs? Rien que l'empressement et l'obstination que M. Thiers met à faire exécuter ce plan en 1833 et à présent ne vous fait-il pas ouvrir les yeux? Avez-vous oublié qu'il a dit à la chambre des députés : « Qui voudrait entourer le trône d'institutions républicaines? (*Moniteur*, 30 novembre 1832); ce qui veut dire : Qui ne voudrait pas d'une monarchie absolue? car il n'y a pas de milieu entre les deux. Pensez-y bien, peut-être il est temps encore de prévenir le mal; mais si on laisse élever les forts, j'ai la certitude que tout sera perdu pour la France, liberté, civilisation et même indépendance, et peut-être avant qu'il se soit écoulé vingt ans.

O Français! je gémis de vous voir si aveuglés; je plains même l'aristocratie, qui impose aujourd'hui sa volonté pour faire élever les fortifications, aveuglée qu'elle est par l'ambition de tout envahir, puissance et richesses : car si elle partage aujourd'hui le pouvoir, elle ne pourra jamais le partager quand il sera despotique, semblable à celui de l'empire romain, le despotisme tombera plutôt sur elle que sur le peuple. Peut être alors elle voudra ériger une république en France. Mais il ne sera plus temps : comme les compagnons d'Ulysse, le peuple ne sentira plus les maux de son esclavage, et des soldats ivres de vin et de sang garderont pour des tyrans les nouvelles bastilles. Ces tyrans même ne seront pas les maîtres, mais bien leurs soldats, comme sous l'empire romain : résultat inévitable dès l'instant que la ville où siége le souverain est gardée uniquement par l'armée derrière des murs accessibles que pour elle (6). On divisera le commandement tant qu'on voudra, les généraux s'uniront toujours pour prendre le pouvoir ou le délégner à quelqu'un d'entre eux, comme on a fait au 18 brumaire. C'est peut-être dans cet espoir que l'on voit aujourd'hui beaucoup de généraux à opinions diverses adopter le projet. Alors à quoi aura servi aux Parisiens d'avoir fait une révolution sublime en 1850? Que deviendront ces sciences, ces machines, qui font tant d'honneur à l'esprit humain; cette industrie vivifiante qui rapproche et harmonise les nations; cette liberté que nous avons achetée au prix de tant de sang; cette civilisation que nous espérions répandre sur le monde? Grand Dieu! mon cœur saigne quand je pense à cela !

Parisiens, je crois avoir donné assez de raisons pour vous faire comprendre le danger auquel vous êtes exposés. J'ai à parler maintenant de la prétendue nécessité d'élever les fortifications pour pouvoir résister contre les étrangers.

Vous avez remarqué sans doute que partout, dans les journaux, dans les sociétés et jusque sur les théâtres, on a dit (et on dit encore) que si la France voulait faire la guerre, elle révolutionnerait l'Allemagne, l'Italie, la Pologne, etc., pour peu qu'elle encourageât ces peuples à s'émanciper en leur donnant de faibles secours en hommes. Cherchez un peu à concilier ces paroles avec les bruits d'invasion si alarmans (et que les mêmes gens font courir aujourd'hui), qu'on dirait que dans moins de six mois les étrangers vont venir au nombre de plusieurs millions d'hommes pour ravager toute la France et étouffer la liberté dans son sein. Mais où sont donc ces masses innombrables d'esclaves dont leurs souverains peuvent disposer pour les lancer à quatre cents, six cents ou mille lieues de leurs pays? Y a-t-il seulement cent mille Russes, en supposant que Nicolas renonçât à Constantinople et à la Circassie? Est-ce que par hasard, si nous avons la guerre avec les souverains étrangers, nous porterons chez leurs

(6) Le célèbre Vauban, quoiqu'il vécût sous le despotisme de Louis XIV, devait sans doute avoir prévu ce danger quand il proposa son plan pour fortifier Paris; tout, dans ce plan, consiste en un simple mur d'enceinte, avec glacis, créneaux et quelques bastions à gorge ouverte à l'intérieur. Il n'y aurait pas eu des tours propres à loger des soldats, ni de plates-formes capables de menacer en temps de paix les abords de la ville. Aujourd'hui, nous, qui nous disons si éclairés, et qui avons quelque liberté à conserver, nous ne voulons pas voir aussi clair; et tout de suite, sans rien examiner, nous donnons au gouvernement le pouvoir de dépenser cinq ou six cent millions pour faire des forts autour de Paris, où l'on pourra mettre, en temps de paix comme en temps de guerre, soixante mille hommes ou plus, au moyen desquels forts on ne pourra pas manquer de bloquer la capitale et de la prendre par famine, si on juge convenable d'abolir la constitution. Que l'on compare cette aveugle confiance au décret de l'Assemblée constituante, qui défendait au pouvoir exécutif de faire approcher des troupes à moins de quinze lieues de Paris.

peuples la mort, le pillage et la désolation, et nous nous ferons abhorrer par eux au point qu'ils deviendront assez forts pour envahir notre territoire et le ravager à leur tour, comme ils ont fait en 1814 et en 1815? Mais qne l'on veuille préciser les idées là-dessus, que l'on veuille nous dire si c'est comme des sauvages que nous devons faire la guerre (si nous la faisons), ou comme des hommes civilisés qui devons porter la civilisation hors de notre pays. Quel honneur pour nous, dans le premier cas, d'élever des forts de tous les côtés, qui seront comme des repaires de bêtes féroces, d'où nous sortirons pour ravager les pays ennemis, et qui nous serviront de lieux de refuge quand nous serons les plus faibles ! comme c'est bien digne du peuple français, qui prétend civiliser le monde ! Mais, Français, je fais une supposition gratuite, ou plutôt c'est un outrage que l'on vous fait pour vous asservir, on vous suppose barbares pour vous embastiller. Non, ce n'est pas possible que vous ayez aujourd'hui cette barbarie, de meilleurs sentimens palpitent dans vos cœurs, et si vous faites la guerre, ce sera pour améliorer la situation des peuples, et non pour les ravager et les conquérir. Vous étant dans ce dernier cas, je cherche vainement ces motifs de crainte qui font trembler aujourd'hui ceux qui demandent les fortifications ; je ne vois qu'une flagrante contradiction dans ceux qui disaient hier qu'il suffisait de quelques régimens français pour ébranler l'Europe, et qui disent aujourd'hui que de grandes armées peuvent prendre Paris, qu'il faut se précautionner en entourant la ville de vingt forts, plus un mur d'enceinte.

Mais comment, trembleurs de nouvelle date, pouvez-vous abaisser les Français à ce point de nullité, que vous ne les croyiez plus capables de se battre que derrière des murs? Ont-ils perdu tout à coup leur ardeur intrépide à la baïonnette? Leur cavalerie et leur artillerie ne valent-elles plus rien en rase campagne ? Les sept ou huit cent mille hommes qu'on peut recruter, les douze ou quinze cent mille gardes nationaux qu'on peut mobiliser, et dont hier vous étiez si fiers, les regardez-vous aujourd'hui comme des mouches? Les Italiens, les Allemands, les Polonais, etc. que vous disiez aspirer au moment où ils pourraient augmenter nos armées, sont-ils devenus tout-à-coup nos ennemis implacables? Enfin, les Français d'aujourd'hui, qui ne respirent que la guerre, pouvez-vous les comparer aux Français de 1814 et 1815, las et épuisés qu'ils étaient par vingt-cinq ans d'une guerre meurtrière ; et ne voulant plus souffrir l'orgueilleux despotisme de Napoléon; dans ce temps où les étrangers avaient, pour recouvrer leur indépendance et pour avoir la liberté, l'ardeur que les Français pouvaient avoir en 1793?

Vous direz peut-être que vous ne craignez pas l'invasion à présent, mais qu'elle peut avoir lieu plus tard. Mais alors pourquoi ce grand empressement de fortifier Paris avant de faire connaître le plan (ce qui fait soupçonner que vous avez vendu à l'aristocratie la constitution et nos libertés)? Pourquoi ne pas attendre l'ouverture des chambres, et donner au moins cinq ou six mois de temps pour l'examiner? Alors on aurait pu s'éclairer sur le fond du projet, et les formes constitutionnelles n'auraient pas été violées, comme vous voulez qu'elles le soient, mauvais précédent qui autorisera le gouvernement à les violer encore quand il le voudra. C'est en vain que vous dites qu'il s'appuie sur des lois, vous ne ferez jamais croire qu'en les faisant les législateurs aient entendu parler des fortifications de Paris, surtout comme celles en projet; ils n'ont voulu parler que des places frontières et des ports de mer. Et puis, à part cela, vous devriez vous rappeler qu'en 1833, M. Odillon-Barrot, votre patron, a dit qu'on ne pouvait fortifier Paris sans une loi.

Vous qui prétendez éclairer le public par les journaux, je vous en conjure pour notre salut de tous, veuillez réfléchir en vous-mêmes combien ces terreurs sont peu fondées, et que tout croule par les contradictions de votre langage; veuillez supposer, au moins quelques instans, que l'on a proposé de bâtir des fortifications autour de Paris, pour que, une fois élevées, on puisse nous prendre comme des poissons dans des filets. Veuillez supposer que le traité du 15 juillet et les dissentimens qui existent en apparence entre la France et les souverains étrangers ne sont peut-être qu'une feinte calculée pour faire craindre aux Parisiens qu'on prennent leur ville à la suite d'une invasion, et, à l'aide de cette crainte, pour donner au gouvernement français (7) le pouvoir d'élever les forts, pour qu'il puisse étouffer ensuite la démocratie par leur moyen. Veuillez réfléchir que si les forts n'étaient faits que pour les cas d'invasion, les souverains étrangers craignant pour leurs capitales au moins autant que nous pour Paris (8),

(7) Je ne prétends en rien, dans cet écrit, accuser Louis-Philippe ; de même que M. Laffitte ignorait des choses importantes quand il était président des ministres, le roi et même des ministres pourraient ignorer les conséquences inhérentes au plan des fortifications, et par là ignorer ce dont je parle ici.

(8) Je pense que l'on ne trouvera pas mauvais que je cite ici quelques mots du *Siècle*, 13 septembre 1840 : « Il est évident que des puissances comme l'Autriche et la Prusse, qui n'ont pas à craindre de voir à un jour donné l'Europe entière coalisée contre elles, n'ont pas un intérêt du premier ordre à fortifier leurs capitales. Mais pour la France, il en est autrement. » Ne serait-il pas cent fois plus raisonnable de retourner ces paroles ainsi qu'il suit : Il est évident qu'une puissance comme la France, qui serait soutenue, en cas de guerre, par une grande partie des peuples de l'Europe qui aspirent à être libres, n'a pas un intérêt du premier ordre à fortifier sa capitale. Mais pour l'Autriche et la Prusse, dont les peuples, en partie, n'ont pas d'attachement pour leurs souverains, il en est autrement? Ne dirait-on pas que le *Siècle* s'est vendu à Metternich et à Palmerston pour endormir ses lecteurs? Je le demande à tout homme impartial et qui connaît l'état de l'Europe.

Un autre journal, le *Courrier-Français*, a dit : «Les fortifications projetées ont le ils ne les fortifient cependant pas. Pourquoi? Parce que les habitans de ces villes sont encore loin de penser à se révolutionner, et lors même qu'il y aurait quelques individus qui voudraient s'émanciper, une fois la France bridée, eux n'ayant plus d'espoir, ils seraient forcés de se taire (9). Enfin, après avoir jeté un coup-d'œil sur la situation des souverains et des peuples au moment où l'on a donné connaissance du projet, veuillez réfléchir avec impartialité sur ce que j'ai dit jusqu'à présent dans cet écrit, et vous verrez avec quel accord les idées émises peuvent s'enchaîner entre elles et avec ce qui se passe aujourd'hui dans la haute politique, malgré la contradiction que peut nous offrir la mésintelligence qui existe en apparence entre la France et l'étranger, lors même qu'on en viendrait à une guerre en Orient (10) : car il n'est point de limites pour la ruse quand il s'agit de parvenir à un but aussi important, aussi décisif

double *avantage* de nous protéger contre les agressions du *dedans* et contre celles du *dehors*.» Qu'a t-il voulu dire par là ? sont-ce des agressions partielles comme aux mois de juin et d'avril? Mais qu'est-il besoin de forts dans ce cas? est-ce que les gardes nationales et municipales avec la garnison ne sont pas dix fois plus fortes que tous les mécontens qui peuvent se révolter? Aurait-il entendu des agressions générales comme celle de 1850? aurait-il vendu sa conscience et ses opinions libérales? au lieu d'éclairer le public et de le garantir de tous malheurs, le trahirait-il et lui forgerait-il les chaines de son esclavage ? Mais, va t-on s'écrier, comment oser soupçonner une telle infamie? Mais aussi comment expliquer autrement ses paroles? Quand on pense qu'il y a tant de vénalité dans le monde, qu'on vendrait pour de l'argent tout ce qu'on a de plus cher, et qu'il suffit au ministère ou à l'aristocratie d'acheter les directeurs du *Siècle* et du *Courrier-Français* pour qu'il possède ces journaux sans que le public s'en doute; quand on pense que presque tous les lecteurs, au lieu de réfléchir d'après eux-mêmes, forment leur opinion d'après ce qu'ils lisent, on ne peut s'empêcher de craindre pour la civilisation et nos libertés ; et cette crainte est d'autant plus fondée, que les deux journaux précités, peut-être par crainte de réveiller les esprits, n'ont pas rapporté un mot de ce qui s'est dit en 1855 sur les forts détachés, ni de ce qui se dit à présent sur le nouveau projet dans beaucoup de journaux étrangers, et en France dans quelques journaux et brochures.

(9) Ceci peut prouver ce qui est dit quelques lignes au dessus et dans la note 4. Ainsi les souverains étrangers ne se contenteraient pas de faire mettre les Français dans l'esclavage, pour qu'ils pussent y maintenir leurs peuples, il faudrait encore qu'ils leur fissent payer tous les frais que cela occasionnerait (peut-être cinq ou six cent millions) ! Ils ont peut-être entrevu encore que, dans des temps plus ou moins éloignés, des tyrans finiront par abrutir les Français de telle sorte, que les étrangers devenant relativement plus éclairés qu'eux, parce qu'ils ne seront pas bridés par des bastilles, il leur sera aussi facile de conquérir la France qu'on pourrait aujourd'hui conquérir la Turquie, quoiqu'elle ait beaucoup de forts. La politique de certaines gens est si infernale et porte si loin, ils savent en même temps si bien cacher leur pensée, qu'il n'y a rien d'impossible à ce que cela soit; dès lors qu'une chose est possible elle mérite d'être discutée, et la prudence exige que l'on se tienne sur ses gardes, surtout quand l'intérêt est grand comme ici. Si on ne croit pas à ces hypothèses, on avouera au moins que les idées se lient bien entre elles.

(10) Il est bien peu croyable que cette guerre ait lieu ; mais quand cela serait, je pourrais appuyer mon assertion sur ce fait cité par le *Siècle*, que les relations actuelles entre la France et l'Angleterre pour en venir à un traité de commerce ne discontinueront pas, lors même qu'il y aurait la guerre entre elles.

que celui d'enchaîner la démocratie au moins pour long-temps.

Je dois dire un mot sur le mur d'enceinte, dont je n'ai pas parlé encore en particulier. Bien que cette enceinte ne présentât pas un aspect aussi terrible que les forts, cependant elle ne laisserait pas d'offrir un obstacle insurmontable pour les Parisiens, surtout avec Vincennes, et si on faisait des tours et des bastions capables de loger des troupes, avec des plates-formes au-dessus des portes, sur lesquelles on mettrait des soldats et de l'artillerie pour empêcher d'entrer et de sortir de Paris. Pour arriver aux portes de l'enceinte, il faudrait encore que les Parisiens se battissent en rase campagne, comme s'ils étaient vis à vis des forts, sans pouvoir faire des barricades, et n'ayant ni artillerie, ni cavalerie, ni munitions de guerre. On a vu dans ce qui précède que le plus grand danger, relativement aux forts, viendrait de ce qu'on couperait les vivres aux Parisiens par l'empêchement d'entrer et de sortir de la ville, s'ils voulaient soutenir leurs droits. Comme on le voit, ce danger se présente encore ici, et d'une manière tout aussi impossible à surmonter; il se présenterait encore lors même qu'il n'y aurait ni tours, ni bastions, ni plates-formes : les portes suffiraient pour former des points d'appui aux troupes, de manière à ce qu'on ne pût jamais les en chasser.

Ne connaissant pas le plan, et n'étant pas de la partie, comme on peut le penser, je ne puis raisonner qu'au hasard relativement à sa composition. Tout ce que je puis savoir, c'est que l'enceinte sera à une grande distance des murs d'octrois, et que les ouvrages qui seront à l'extérieur ne pourront être pris qu'avec des pièces de siége, et pourront contenir beaucoup de troupes. Mais cela me suffit, et au delà, pour prouver mon opinion (qu'il ne faut pas de forts ni d'enceinte), et me la prouver tellement, que le pouvoir est, suivant moi, déjà trop fort contre la liberté, seulement parce qu'il a Vincennes. Je suis presque certain que Charles X aurait pu triompher du peuple, s'il s'était appuyé sur ce fort quand il battit en retraite. Que ne serait-ce pas s'il y en avait un grand nombre autour de Paris, plus un mur d'enceinte ! Un gouvernement constitutionnel doit s'appuyer entièrement sur la garde nationale, et être tenu dans le respect et le devoir par le peuple, autant que celui-ci doit l'être par le gouvernement. Si le pouvoir peut s'appuyer ailleurs que sur la garde nationale, et s'il est plus fort vis-à-vis du peuple que celui-ci ne peut l'être vis-à-vis du pouvoir, il y a despotisme, ou du moins il peut avoir lieu un jour ou l'autre. Et c'est en cela que les chambres ont fait une grande faute en votant (art. 5 de la loi sur la garde nationale) que le roi pouvait dissoudre des parties de la nationale; ce sera là une des principales causes de la ruine de nos institutions, si on n'y remédie. Je ne trouve rien de plus contraire que cet article contre le gouvernement constitutionnel : il annonce une extrême méfiance de la part du pouvoir contre toutes les classes du peuple, les riches comme les pauvres.

Je viens d'exposer mes idées sur le projet des fortifications sous deux points de vue : d'abord sous celui de dangers très graves, et même inévitables, qu'il peut nous offrir ; ensuite, parce qu'il est tout-à-fait inutile, si les Français tiennent toujours à honneur de passer pour le peuple le plus civilisé du monde.

J'ai fait cet écrit sans haine contre nos institutions telles qu'elles sont aujourd'hui, ni contre ceux qui nous gouvernent. Je ne crois pas que ceux-ci aient envisagé toutes les conséquences qui peuvent résulter du projet en question ; ils n'ont peut-être en vue que de maintenir la constitution telle qu'elle est aujourd'hui, et de réprimer les efforts de la démocratie. Mais comme la durée des forts (si on les fait) sera immensément plus longue que la vie des hommes qui nous gouvernent, et qu'on ne peut connaître l'esprit et les sentimens de ceux qui viendront après, j'ai cru devoir dire que tôt ou tard nos institutions seront détruites, et qu'à leur place il y aura un despotisme effrayant, si on exécute le projet ; je dis plus, c'est qu'un tel résultat est inévitable, d'après l'état actuel de la société, dans laquelle on ne trouve plus, au lieu de morale et de religion, que l'orgueil, l'égoïsme et la cupidité, enfantés par l'athéïsme et le matérialisme ; nous sommes aujourd'hui comme on était sur la fin de la république romaine ; seulement nous avons moins de richesses, et il nous reste encore quelque amour de liberté et d'expansion, qui seul pourrait faire vivre la société si nous pouvions le garder. Mais ce ressort de l'âme est précisément la première chose qu'on doit nous ôter, si nous tombons sous la puissance des baïonnettes et des canons. Dès lors, n'ayant plus rien qui meuve notre volonté, nous n'aurons plus qu'à nous plier sous le joug d'un vil esclavage, comme autrefois les Romains sous les Néron.

S'il se pouvait faire que l'aristocratie gardât ou partageât toujours le pouvoir, peut-être le gouvernement serait moins anti-social que s'il y avait la tyrannie d'un seul ; mais cela n'est pas possible, parce qu'un roi héréditaire qui dispose de l'armée et des emplois, est toujours plus fort que l'aristocratie seule, et d'autant plus que celle-ci est souvent composée, en grande partie, de gens qui n'ont rien autre chose dans l'âme que la bassesse des courtisans ; et comme on a toujours vu que celui qui est le plus fort opprime ou soumet celui qui est le plus faible, le roi soumettra toujours l'aristocratie quand elle ne sera pas soutenue par la démocratie. Que l'on consulte l'histoire, on y verra que ce que je dis a toujours été confirmé. On y verra aussi que pour se donner de la force il a toujours fallu qu'elle s'appuyât sur le peuple, comme il est arrivé dans les temps de Cromwel, de Guillaume d'Orange, de Louis XVI et même en 1830 : car la majorité des 221 n'était rien autre chose que l'aristocratie.

Dans un gouvernement comme le nôtre, et quand les trois puissances démocratique, aristocratique et royale se surveillent bien, il est très difficile que l'une puisse absorber l'autre, parce qu'un plus grand nombre d'hommes sont en action et que trois pouvoirs se contrebalancent mieux que deux. Il ne faut rien moins que l'aveuglement de tout un peuple pour faire que nous soyons à la veille de cette absorption par la royauté, non seulement de la démocratie, mais aussi de l'aristocratie, et cela, par l'élévation des fortifications de Paris. Si le peuple s'était d'abord soulevé contre ce projet, on y aurait probablement renoncé pour toujours, et nos institutions auraient pu durer long-temps, surtout si on avait augmenté le nombre des électeurs en leur imposant des conditions, comme de savoir lire, écrire et parler français, d'avoir des mœurs irréprochables, etc. Mais le coup est porté, et je crains bien que ce soit trop tard pour en prévenir le choc : comment désaveugler sur-le-champ les masses populaires, et dompter l'amour-propre de ceux qui pourraient les éclairer ? la voix et l'éloquence de Démosthènes auraient peine à y suffire. Aussi est-ce avec désespoir que j'écris ceci. Plaise à Dieu cependant que MM. Arago, Odillon-Barrot, Lamennais, Cormenin, etc. veuillent employer toutes leurs forces pour conjurer l'orage ! peut-être pourront-ils empêcher que l'on avance les travaux assez pour nous nuire ; et, s'ils y parviennent, qu'ils fassent ensorte de les faire démolir, pour qu'on ne puisse plus y revenir.

Je n'ai pas mis dans cet écrit tous les argumens et toutes les preuves qui me sont venus dans l'esprit, dans la croyance que ceux qu'il y a suffiront au lecteur impartial et de bonne foi pour le convaincre de ce que j'ai avancé. Tout ce que je désire de lui, c'est qu'il veuille lire les notes comme le texte, s'il veut bien me comprendre.

Paris, 8 octobre 1840.

A. DELHOMME.